LES ÉTAPES-CLÉS DU RECRUTEMENT

Les techniques pour sélectionner le bon candidat

Par Caroline Cailteux

DEVENEZ UN PRO
EN BUSINESS !

LES ÉTAPES-CLÉS DU RECRUTEMENT

- **Problématique ?** Comment bien préparer un recrutement pour un résultat pertinent ?
- **Utilité ?** Dans une petite équipe – et parfois même au sein d'un plus grand organisme –, le recrutement est l'affaire de tous, et chacun est susceptible de s'y frotter un jour ou l'autre. Il n'est donc pas superflu d'assimiler quelques principes issus de l'expérience pour vous aider à recruter le bon candidat.
- **Contexte professionnel ?** Gestion des ressources humaines.
- **FAQ ?**
  - Les meilleurs candidats sont-ils toujours à l'extérieur de l'entreprise ?
  - Quelles sont les méthodes de sélection les plus couramment utilisées ?
  - Quelles sont les méthodes les plus efficaces ?
  - Combien de temps dure le processus de recrutement ?

- Combien d'étapes faut-il mettre en place dans la sélection ?
- Qui a son mot à dire dans le recrutement ?
- Comment éviter les « faux bons candidats » ?

Le recrutement est un processus bilatéral qui engage tant les compétences du candidat que celles du recruteur ! Si bon nombre d'entreprises ont la possibilité de s'offrir les services de recruteurs professionnels, il arrive que des personnes peu expérimentées se voient chargées de cette mission, notamment dans les plus petites structures. Si telle est votre situation, vous trouverez ici quelques clés, avis et conseils pour vous guider dans le processus de sélection des candidats.

Force est de constater que la plupart des recrutements se font dans l'urgence. Une personne surgit dans votre bureau et vous demande de trouver une solution pour hier, alors que vous êtes vous-même débordé de travail ; Youssef vient de donner sa démission pour partir travailler au Brésil ; Marion part en pension d'ici quelques semaines ; Pierre vient de signaler qu'il s'est cassé la jambe et sera absent pendant deux mois... Et au moment où vous vous connectez pour faire paraître une annonce au plus vite, un collègue vous rappelle obligeamment que les budgets sont plutôt serrés cette année…

STOP ! Surtout, ne vous précipitez pas ! Il est essentiel de ne pas perdre de vue que recruter, c'est investir. Rien que le temps que vous consacrerez à trouver le candidat de vos rêves a déjà un coût. Alors, prenez un moment pour analyser la situation : que cherchez-vous exactement ? Pourquoi ? Où ? Quand ? Comment ? Pour qui ? Cette dernière question a son importance : plus vous serez nombreux à participer au processus de recrutement, plus diverses seront les procédures à envisager. Vous seriez étonné de voir les différences de perception et d'attentes des personnes impliquées dans un processus de recrutement et de sélection.

Si la notion de recrutement vous évoque une pelote de laine dont vous ne trouvez pas le fil conducteur, accordez-vous 50 minutes, et vous devriez bientôt y voir plus clair. Expert ou non, un bon recrutement ressemble à une réception bien organisée. Quelles que soient les ressources à votre disposition et le profil des invités, il s'agit de respecter quelques principes pour en assurer le déroulement optimal. N'oubliez pas que, si c'est bien vous qui invitez les candidats pour les sélectionner, ces derniers seront des partenaires actifs qui vous évalueront à leur tour ! Il s'agira de démontrer votre sens de l'accueil, les valeurs et qualités de votre entreprise et votre professionnalisme. Car, ne vous en déplaise, ils ne manqueront pas de s'interroger sur vos compétences également. Alors, si vous voulez que l'échange soit constructif et se solde par une poignée de main *win-win*, un conseil, préparez-vous !

B.A.-BA DU RECRUTEUR PRÉPARÉ

Si chaque recruteur applique sa recette du recrutement, il existe cependant un fil conducteur à la démarche. De nombreux chercheurs se sont penchés sur la question de la description d'une « procédure classique de recrutement » (LABERON Sonia *et alii*, *Psychologie et recrutement. Modèles, pratiques et normativités*, Bruxelles, De Boeck, 2011). Au croisement de ces approches scientifiques est apparue la colonne vertébrale du processus, s'articulant autour de cinq étapes-clés :

- l'analyse ;
- la stratégie ;
- l'évaluation ;
- la sélection ;
- la concrétisation.

ANALYSER LE CONTEXTE DU RECRUTEMENT POUR Y VOIR CLAIR

Lorsque nous pensons au recrutement, nous imaginons aisément un recruteur ou un jury d'évaluateurs, face à un candidat qui tente de ne pas renverser sa tasse de café en répondant aux questions. Votre premier réflexe sera sans doute de dresser la liste des traditionnelles questions que vous envisagerez de poser : « Quel est votre parcours professionnel ? » ; « Quelles sont vos références ? » ; « Qu'avez-vous réalisé par le passé ? » ; « Pouvez-vous citer trois de vos qualités et trois de vos défauts ? » ; etc. Pourtant, avant d'entamer l'interrogatoire les candidats, c'est à vous de vous poser les bonnes questions !

Pourquoi devons-nous recruter ?

- S'agit-il de créer une nouvelle fonction pour répondre à des besoins nouveaux ?
- Devons-nous remplacer Michel, parti à la pension ? Dans ce cas, vaut-il mieux choisir un profil expérimenté ou quelqu'un de plus novice et envisager un plan de formation ?

- Devons-nous remplacer une personne qui a démissionné ? Pourquoi l'a-t-elle fait ? Existe-t-il des tensions au sein de l'équipe ?

Est-il vraiment nécessaire de lancer une procédure de recrutement ?

- La fonction libérée est-elle toujours d'actualité ?
- Ne faut-il pas redéfinir la fonction en tenant compte des évolutions du contexte ?
- Un membre du personnel en place ne pourrait-il pas reprendre la fonction ?
- Les activités dédiées à cette fonction ne peuvent-elles pas être redistribuées ?
- Un candidat d'une sélection précédente ne pourrait-il pas être recontacté ?
- Disposons-nous d'une réserve de candidatures ?

Quel sera l'impact de ce recrutement sur l'organisation ?

- Faudra-t-il ménager des susceptibilités ?
- S'agit-il d'une fonction sensible dans un climat d'entreprise en crise ?
- S'agit-il d'une fonction critique qui doit être pourvue rapidement ?

- Les enjeux des intervenants dans le recrutement sont-ils identiques ?
- Existe-t-il des demandes cachées ? Par
exemple, le commanditaire a-t-il des projets
d'avenir pour la fonction qu'il ne mentionne
pas spontanément et qui pourraient influen-
cer le profil ? Le manager cherche-t-il un profil
de personnalité particulier pour mobiliser ou
tempérer un autre profil au sein de l'équipe ?
- Les perceptions de la fonction sont-elles identiques pour les différents intervenants dans le
recrutement ?

Quel coût pourrait représenter le recrutement ?

- Quel est l'impact de ce nouveau salaire sur le
budget du personnel ?
- Existe-t-il des primes ou des avantages pour
diminuer les coûts ?
- La fonction est-elle liée à une convention en
vue de l'obtention de subventions ?
- Quel sera le coût indirect de ce recrutement ?
Combien de temps y consacrer ? Combien de
personnes devront se libérer pour le processus
de sélection ?

- Quels sont les moyens pour sponsoriser la publication de l'annonce et les méthodes de sélection ?

Lorsque vous avez répondu à ces questions et êtes parvenu à positionner votre processus de recrutement au niveau de la stratégie de l'organisation, vous pouvez passer à l'étape suivante : la détermination de la stratégie du recrutement en tant que telle.

DÉFINIR LA STRATÉGIE POUR FAIRE CONNAÎTRE SA DEMANDE

À ce stade, vous avez en principe une vision globale du processus. Vous savez par exemple qu'il s'agit du remplacement de Marion qui part à la pension ; que Géraldine convoitait la place, mais qu'elle n'a pas les compétences requises pour la remplacer ; que le manager souhaite engager un profil débutant, parce qu'il pense que ses idées seront plus innovantes ; que vous devrez contacter Louis pour lui demander d'être son tuteur, et planifier un programme de formation relatif aux spécificités de l'entreprise.

Avant d'investir votre énergie dans la publication d'une offre d'emploi et de rencontrer les candidats potentiels, il est fondamental que vous consacriez encore du temps à l'élaboration de votre stratégie de recrutement.

La description de fonction – Qu'est-ce que je cherche ?

La question transversale au processus de recrutement consiste à se demander si le profil du candidat correspond au profil recherché. L'enjeu sera donc de définir le profil attendu, en tenant compte de plusieurs dimensions :

- le lien entre la fonction et l'organisation :
  - la mission dans la dynamique globale de l'entreprise,
  - la position dans l'organigramme,
  - les marges de manœuvre et les responsabilités,
  - les valeurs attendues, reflétant la culture d'entreprise ;
- la fonction :
  - les activités que la personne sera amenée à exercer,
  - les acquis, compétences ou talents attendus,

  - ◦ les prérequis et les conditions d'accès pour occuper la fonction ;
- le lien avec l'environnement de travail immédiat :
  - ◦ les particularités des conditions de travail (seul, équipe, intérieur, extérieur, horaires de nuit, etc.),
  - ◦ les caractéristiques personnelles favorables à l'intégration dans l'équipe,
  - ◦ les risques physiques, environnementaux, psychosociaux liés à l'exercice de la fonction.

La description de fonction, encore souvent négligée, est pourtant la clé de voûte d'une gestion des ressources humaines cohérente. Elle sert de cadre aux échanges et de point de départ aux discussions. Le contenu d'une description de fonction et le niveau de synthèse ou d'exhaustivité qu'elle requiert dépendra de la stratégie RH de l'entreprise et de son niveau de maturité dans le domaine. Certaines entreprises ne disposent même pas de descriptions de fonctions, alors que d'autres parlent de gestion des compétences ou encore de gestion des talents.

Si vous souhaitez rédiger une description de fonction qui soit efficace, veillez à vous adapter au style et au rythme de votre entreprise. L'important est que ce document soit clair, structuré et que les acteurs du processus (commanditaires, évaluateurs et destinataires) soient d'accord sur son contenu.

Les éléments repris dans la description de fonction vous permettront de déduire les critères de sélection, c'est-à-dire les caractéristiques que vous rechercherez chez les candidats pour déterminer s'ils répondent ou non aux exigences. Les scientifiques parlent généralement de « prédicteurs », considérant que l'occurrence de ces caractéristiques permettra de prédire la performance des candidats.

Le profil de compétences et les critères de sélection

La description de fonction reste une définition théorique des caractéristiques d'un emploi et des acquis et compétences utiles et nécessaires à son exercice. Imaginons que vous soyez à la recherche d'un coordinateur de projet, à temps plein, pour un centre culturel. Le projet en est à ses débuts et la personne recrutée devra, dans un premier temps, réaliser un diagnostic de la situation culturelle dans le quartier. Avant de mettre en place des animations culturelles, elle devra consacrer une année à sonder l'opinion des usagers du centre culturel et concevoir un programme d'activités sur mesure. Elle devra également entrer en contact avec les différentes associations et artistes, afin de mettre des partenariats en place.

Si vous débutez votre recrutement en pensant trouver le candidat idéal, il faut que vous vous fassiez une raison : il n'existe pas ! Les candidats qui se présenteront en entretien auront des profils variés :

- Laura travaille depuis trois ans dans le secteur culturel, mais n'est disponible qu'à mi-temps ;
- Zora cherche un premier emploi et a effectué de nombreuses animations artistiques et culturelles ;
- David a plus de dix ans d'expérience dans l'organisation d'événements sportifs ;
- Marco est un commercial au contact aisé, passionné de culture qui a de grandes connaissances en la matière. Il a également de nombreux amis dans le secteur et pourrait rapidement activer son réseau à votre service.

Comment identifier celui ou celle qui répondra le mieux à vos attentes ? En définissant des critères de sélection au préalable. Parmi la large palette d'activités qui constituent la fonction, quelles sont celles qui doivent être réalisées prioritairement ? Quels sont les aptitudes, les capacités et les acquis qui vous indiquent que la personne assise en face de vous sera effectivement capable de relever le défi ? Quels sont les indices qui démontrent que les candidats choisis se reconnaîtront dans les valeurs véhiculées par votre organisation ? Quels sont les modes de fonctionnement personnels qui favoriseront son intégration dans l'équipe ?

Pour faciliter ce travail d'investigation, il est nécessaire de constituer une grille de lecture cohérente, permettant de standardiser la démarche et de comparer les candidats sur des critères identiques. Chaque évaluateur ayant sa subjectivité propre, la grille des critères offrira un prisme commun de lecture permettant à chacun de se positionner avec davantage d'objectivité. Elle reprendra donc les caractéristiques recherchées en priorité au niveau de l'organisation, de la fonction et de la personne.

Au niveau de l'organisation :

- intérêt pour la culture ;
- intérêt pour les échanges avec les représentants du monde artistique ;
- à l'aise dans les petites structures disposant de peu de moyens ;
- à l'aise dans un environnement qui demande d'être disponible le week-end.

Au niveau de la fonction :

- capacités globales :
  - compétences d'investigation pour mener des enquêtes auprès du public cible,
  - compétences d'analyse pour traduire les besoins du terrain en activités,
  - créativité pour sensibiliser le public par une approche ludique.

- capacités spécifiques :
  - bonne connaissance du domaine culturel, de ses acteurs, de ses ressources, etc.,
  - maîtrise d'un logiciel de traitement de texte pour rédiger des rapports.

Outre les qualifications requises, n'oubliez pas qu'il est nécessaire d'interroger le candidat sur ses motivations à rejoindre votre organisation et à occuper la fonction, ainsi que sur ses leviers de motivation personnels (salaire, télétravail, sécurité d'emploi, équilibre vie privée/vie professionnelle, possibilités de carrière, formations, etc.). Ces informations offriront des indications au futur manager sur la manière de coacher la personne, d'activer ses compétences et surtout de maintenir son investissement professionnel sur la durée.

Lorsque tous les critères sont définis, vous pouvez également déterminer les indicateurs de réussite sur ces différents critères. Quels sont les éléments que vous voulez retrouver chez votre candidat pour déterminer s'il répond ou non au critère ? Certains choisiront d'attribuer une note, de mesurer le niveau d'adéquation au critère sur une échelle allant de un (pas du tout) à cinq (tout à fait) ; d'autres reprendront des informations qualitatives en relevant les informations et observations au cours de l'échange et en décrivant la situation le plus objectivement possible.

En prenant connaissance du tableau ci-dessous, vous découvrirez l'avantage de structurer votre entretien. Les postulants étant comparés sur des critères identiques, les écarts entre le profil recherché et le profil réel du candidat se dessinent plus clairement. En outre, il sera plus simple également d'observer les différences existant entre chaque candidat. Il s'agira pour les évaluateurs de se fier aux priorités, issues de l'analyse, et d'accorder la préférence à la personne répondant le plus aux attentes sur les critères dominants.

Grille de sélection complétée

CRITÈRES DE SÉLECTION	LAURA	ZORA
Rapport de l'organisation	• Intérêt prononcé pour la culture. • Besoin d'autonomie et de créativité. • Connaissance du secteur associatif et culturel.	• Participation à de nombreuses activités surtout orientées vers les arts plastiques. • Besoin de structure pour l'encadrer.
COMPÉTENCES GLOBALES		
Investigation	• Exemple concret d'une enquête réalisée auprès de citoyens pour un projet de pièce de théâtre sur l'égalité des chances. • Va réaliser un diagnostic dans le cadre de son autre mi-temps.	• Explications théoriques sur la façon dont elle procéderait, pas d'exemple concret ou d'expérience en la matière.

CRITÈRES DE SÉLEC-TION	DAVID	MARCO
Rapport de l'orga-nisation	• A organisé des événements sportifs pour une société privée. • Ne connaît pas le secteur associatif et culturel.	• Intérêt pro-noncé pour la culture et vaste réseau dans le secteur culturel. • Expérience dans les sec-teurs bancaire et immobilier.
COMPÉTENCES GLOBALES		
Investi-gation	• Exemples concrets de démarches entreprises pour contacter des parte-naires pour organiser des événements. • Méthode effi-cace qui semble avoir fait ses preuves dans le passé.	• Exemples concrets, contac-ter les gens et prospecter au quotidien. • A suivi plu-sieurs for-mations : prospection, cibler le profil du client, analyse des besoins.

CRITÈRES DE SÉLECTION	LAURA	ZORA
COMPÉTENCES GLOBALES (suite)		
Analyse	• Exemple de situation qui renvoie l'image d'une personne fonctionnant plutôt à l'intuition et par essais et erreurs.	• Exemple de son mémoire : comparaisons et déductions qui révèlent un sens de l'analyse assez pointu.
Créativité	• Très créative, nombreux exemples de situations, beaucoup d'idées sur la façon de sensibiliser le public.	• Très créative, avec des idées davantages centrées sur des styles d'animations.

CRITÈRES DE SÉLEC-TION	DAVID	MARCO
COMPÉTENCES GLOBALES (suite)		
Analyse	• A du mal à évoquer une situation. Donne le sentiment d'être une personne d'action qui se fie au contact plutôt qu'à la réflexion.	• Exemple dans le secteur bancaire, analyser le profil du client, ses besoins, sa situation financière de façon structurée.
Créativité	• Créatif, généreux en idées, attention aux moyens nécessaires à la concrétisation des idées et au respect de l'enveloppe budgétaire.	• Indique que la créativité n'est pas son fort, mais que par contre il sait faire parler les gens et les aider à mettre en œuvre leurs bonnes idées.

Grille de sélection complétée (suite)

CRITÈRES DE SÉLECTION	LAURA	ZORA
COMPÉTENCES SPÉCIFIQUES : 1 = pas du tout 5 = totalement		
Connaissance du domaine	1 - 2 - 3 - **4** - 5	1 - 2 - **3** - 4 - 5
Traitement de texte	1 - 2 - 3 - **4** - 5	1 - 2 - 3 - 4 - **5**
CARACTÉRISTIQUES PERSONNELLES		
Assertivité (s'affirmer sans agressivité)	Convaincant	Semble très introvertie et préfère plutôt éviter que de faire face.
Flexibilité	Horaire et déplacement Ok.	Déplacement oui - horaire non.

CRITÈRES DE SÉLECTION	DAVID	MARCO
COMPÉTENCES SPÉCIFIQUES : 1 = pas du tout 5= totalement		
Connaissance du domaine	**1** - 2 - 3 - 4 - 5	1 - 2 - 3 - **4** - 5
Traitement de texte	1 - 2 - **3** - 4 - 5	1 - 2 - 3 - **4** - 5
CARACTÉRISTIQUES PERSONNELLES		
Assertivité (s'affirmer sans agressivité)	Aucun souci. Semble avoir tendance à imposer ses idées dans son exemple.	Ok. Nombreux exemples dans les échanges avec les clients agressifs dans secteur bancaire et immobilier.
Flexibilité	Fait preuve de beaucoup de flexibilité.	A l'habitude dans le secteur de l'immobilier, nombreux exemples.

CRITÈRES DE SÉLECTION	LAURA	ZORA
MOTIVATIONS		
Envers l'organisation	Intérêt pour le secteur culturel et possibilités de projets en commun avec son autre mi-temps.	Peu importe l'organisation s'il y a un lien artistique.
Envers la fonction	Aime avoir des respon-sabilités, coordonner.	Ne plus se contenter de participer aux anima-tions mais les organiser.
Personnelles	Avoir un rôle à jouer dans le secteur associatif.	Trouver un job en lien avec ses passions.

CRITÈRES DE SÉLECTION	DAVID	MARCO
MOTIVATIONS		
Envers l'organisation	Peu importe l'entreprise pourvu qu'il puisse organiser des événements.	Changer de secteur, ne se retrouve pas dans les valeurs de profit, envie de se réorienter.
Envers la fonction	Un job où il pourra organiser, être dans l'action.	Peu importe tant qu'il est en contact avec des personnes.
Personnelles	Demande quels sont les avantages et le salaire.	Prendre un nouveau départ.

Maintenant que vous avez les idées claires sur ce que vous cherchez et que nous vous avons illustré le type de résultat que vous obtiendrez en structurant votre entretien par le biais d'une grille de critères de sélection, vous allez enfin pouvoir communiquer vos attentes dans une offre d'emploi !

L'offre d'emploi

Votre description de fonction et vos critères de sélection vous aideront à structurer votre offre d'emploi qui reprendra :

- une description de l'entreprise, de ses missions et de ses valeurs ;
- une description de la mission associée au métier que le futur employé exercera et de ses activités principales ;
- une description du contexte de travail ;
- vos attentes en matière de compétences et de talents, ainsi que les caractéristiques personnelles et les disponibilités nécessaires ;
- votre offre, c'est-à-dire le type de contrat, les conditions salariales, les avantages, les perspectives futures, etc.

L'analyse faite au préalable vous permettra d'identifier le canal de diffusion le plus approprié pour diffuser votre demande. Plusieurs possibilités s'offrent à vous :

- communication de l'offre d'emploi en interne (valves, mail, journal d'entreprise, etc.) ;
- diffusion gratuite de l'offre sur le web via les institutions publiques ;
- diffusion payante de l'offre sur le web ;
- présence sur des salons ou des bourses à l'emploi ;
- sollicitation d'une agence intérim, d'une agence de recrutement et de sélection, de chasseurs de têtes, etc. ;
- diffusion sur les réseaux sociaux ;
- etc.

Il est important de soigner le fond et la forme de votre communication. Réfléchissez au public que vous envisagez de cibler et au message que vous souhaitez lui adresser. L'offre d'emploi est une vitrine de votre activité, que vous rendez visible au public. Or le recrutement est un processus bi-latéral : compte tenu de tout ce que vous demanderez aux candidats, n'oubliez pas d'attirer leur attention sur ce que vous avez à offrir. Le style de votre annonce donnera des indications sur « la marque » de votre entreprise : est-elle innovante et dynamique, ou plutôt conformiste ? Laisse-t-elle la possibilité à ses employés d'être créatifs ?

Est-elle à la pointe d'un domaine ? Véhicule-t-elle des valeurs philosophiques importantes ? Etc. Si le curriculum vitae affiche la personnalité du candidat, l'offre d'emploi met en lumière celle de l'employeur.

ÉVALUER LES CANDIDATS AVEC LA MÉTHODE ADÉQUATE

Les méthodes de recrutement et de sélection varient considérablement d'une entreprise à l'autre, en fonction du modèle de gestion des ressources humaines qu'elles privilégient. François Pichault et Jean Nizet (2000) ont étudié le sujet et décrit cinq modèles de gestion des ressources humaines et leur influence sur la gestion des effectifs entrant et sortant d'une organisation.

Modèle GRH et pratiques de recrutement

MODÈLE ARBITRAIRE	MODÈLE OBJECTIVANT	MODÈLE INDIVIDUALISANT
Informel, pas de critères prédéfinis.	Systématisation sur la base de critères impersonnels appliqués uniformément.	Personnalisation et négociation des critères.
Centré sur l'avis du dirigeant.	Centré sur la procédure supervisée par les syndicats.	Centré sur la notion de compétence.
Pas de planification. Recrutement par bouche à oreille. Le dirigeant sélectionne.	Planification et accent davantage sur les procédures de recrutement (réglementées) que sur la sélection des candidats.	Importance du processus de sélection, croisant entretiens et tests de sélection pour valider les compétences.

MODÈLE CONVEN- TIONNALISTE	MODÈLE VALORIEL
Diplômes et disciplines professionnelles.	Identification de la mission.
Centré sur la valida- tion collégiale.	Centré sur les valeurs.
Accent sur la sélection et analyse du dossier par des commissions de professionnels.	Pas de processus formel de recrute- ment et sélection. Évaluation de l'adé- quation aux valeurs communes.

Ainsi, certaines entreprises accordent peu d'importance à la sélection, privilégiant les recommandations de leur réseau, alors que d'autres y porteront davantage d'intérêt, l'envisageant dans le cadre d'une gestion prévisionnelle des compétences ou par respect des procédures réglementées, comme dans la fonction publique par exemple.

Certaines méthodes étant plus coûteuses que d'autres, les moyens dont vous disposerez influenceront votre choix. Les délais que vous êtes tenus de respecter auront également un impact sur le niveau de structure de vos entretiens et le nombre d'étapes de sélection. Attention, ne perdez pas de vue que la méthode ne fait pas le recrutement, c'est votre expertise qui lui donnera du relief !

SÉLECTIONNER LE BON CANDIDAT

Présélection sur CV et lettre de motivation

Le CV du candidat vous permettra de vous faire une première impression sur son parcours et ses atouts personnels. Sa présentation vous donnera des indications sur la façon dont il structure ses idées et les éléments qu'il souhaite mettre en avant pour vous séduire. La lettre de motivation, quant à elle, devrait vous éclairer sur ses intérêts et sa motivation à rejoindre votre organisation.

Pour trier les candidatures avec objectivité, fixez-vous des critères de présélection : expérience dans le domaine, connaissances particulières, maîtrise d'une langue, etc. Classez ensuite les candidatures sur base de ces éléments.

Avant d'éliminer un CV ou d'en privilégier un autre, investiguez afin de vous assurer de la correspondance entre ce qui est annoncé et ce qui est réellement. Pour ce faire, vous pouvez téléphoner au candidat, afin de le questionner et de tester ses connaissances et sa maîtrise des langues par exemple.

À GARDER À L'ESPRIT

Bon nombre de candidats en recherche d'emploi se montrent réactifs et disponibles, mais cela ne signifie pas pour autant qu'ils sont assis à côté de leur téléphone, attendant sagement votre appel. Assurez-vous donc que votre interlocuteur soit dans de bonnes conditions avant de l'interroger, en lui fixant un rendez-vous téléphonique par exemple.

Si vos impressions se confirment, invitez-le pour un examen plus approfondi de sa candidature. Si le résultat ne correspond pas à vos attentes, compte tenu de l'énergie investie, étudiez d'abord la possibilité de récupérer la candidature dans un autre recrutement. Si le profil ne correspond ni à votre organisation ni aux métiers qui y sont exercés, le CV sera alors éliminé.

Sélection sur mesure en fonction de vos moyens

Passé le premier tri des candidatures, il vous faudra en apprendre davantage afin d'estimer correctement le profil de ceux qui restent en course. Vous serez donc amené(e) à appliquer la méthode de sélection appropriée à votre réalité de travail. Si le potentiel des trois à cinq candidats que vous envisagez de rencontrer est équivalent, leurs expériences et compétences permettront de les différencier. L'enjeu est à présent de comparer objectivement les candidats, et de valider vos impressions en optimisant les ressources à votre disposition.

Afin de vous préparer, nous prenons le parti d'illustrer le déroulement d'un entretien de sélection pour un poste de coordinateur de projets culturels dans un contexte de budget minimaliste.

La méthode « STAR »

La méthode « STAR » répond bien aux besoins des recrutements au processus court et à petit budget. Les candidats sont invités à décrire des situations passées, concrètes, illustrant la mobilisation de la compétence visée. Ils doivent structurer leur réponse en décrivant la situation vécue (S), les tâches effectuées (T), les actions concrètement entreprises (A) et les résultats obtenus (R).

Méthode STAR

CRITÈRES DE SÉLECTION	QUESTIONS
Valeurs de l'organisation	Comment décririez-vous notre organisation ? Quelles sont les caractéristiques qui vous attirent ? En quoi est-ce motivant pour vous de travailler dans ce type de contexte professionnel ? Qu'attendez-vous d'une organisation pour vous épanouir au travail ?
COMPÉTENCES GLOBALES	
Investigation **Analyse** **Créativité**	Méthode STAR : pourriez-vous décrire une situation concrète dans laquelle vous avez exercé la compétence X par le passé ? Quelles tâches deviez-vous effectuer ? Quelles actions avez-vous entreprises ? Quels résultats avez-vous obtenus en procédant de la sorte ?

CRITÈRES DE SÉLECTION	QUESTIONS
COMPÉTENCES SPÉCIFIQUES	
Connaissance du domaine culturel **Traitement de texte**	Exercice sur ordinateur : en vous référant à vos connaissances dans le domaine culturel, pourriez-vous nous rédiger un rapport de deux pages indiquant l'intérêt que peut avoir la culture pour notre public cible dans l'éducation des enfants ?
CARACTÉRISTIQUES PERSONNELLES	
Assertivité **Flexibilité**	Méthode STAR : pourriez-vous nous décrire une situation concrète illustrant votre assertivité/flexibilité ?

CONCRÉTISER EN PRENANT LA BONNE DÉCISION

La bonne décision de recrutement découle de la plus grande correspondance possible entre le profil de la personne recrutée et la fonction définie. Ceci souligne à nouveau la nécessité de soigner la préparation du recrutement, notamment en consacrant du temps à l'analyse de la demande et des caractéristiques recherchées en priorité pour le poste. Une bonne description de fonction vous offrira un bon cadre de recrutement. Plus votre préparation et votre méthode seront structurées, plus la décision finale devrait vous apparaître évidente.

Pour communiquer aux décideurs le résultat des entretiens, le plus simple est de fournir une grille comparative des candidats reprenant la synthèse des observations sur les différents critères et les conclusions des évaluateurs. Vous pouvez proposer un classement des candidats afin de faciliter la décision finale des représentants de l'organisation, qui portent la responsabilité de l'engagement. Bien que votre enveloppe budgétaire soit en principe déterminée en début de processus, n'oubliez pas d'évoquer les conditions contractuelles et salariales avec le candidat avant de présenter le résultat de votre sélection. Certains d'entre eux souhaiteront peut-être négocier leur salaire et leurs avantages et il sera nécessaire d'évoquer les marges de manœuvre avec le décideur final. Lorsque le candidat a un profil rare ou excellent, il arrive que les conditions d'engagement s'assouplissent.

TOP CONSEILS

- L'engagement ne s'arrête pas à la signature du contrat. Si vous voulez vous assurer de l'implication de la personne envers votre organisation, vous devez veiller à soigner son accueil et son intégration à l'issue des formalités administratives. Cela contribuera à sa satisfaction et donc à sa motivation. Plusieurs démarches peuvent être entreprises : préparer le matériel de travail, prévoir un entretien d'accueil avec le supérieur hiérarchique, expliquer les us et coutumes de l'entreprise, mettre les informations à sa disposition, présenter la nouvelle recrue aux collaborateurs par le biais d'une visite des services, planifier un programme de formation, etc.
- Ne perdez pas de vue que la décision finale appartient également à 50 % au candidat. S'il doit se montrer compétent, l'entreprise recruteuse se doit de se montrer attractive. Soignez donc vos attitudes ! Bien que le processus de sélection nécessite d'analyser le candidat pour voir s'il correspond à vos attentes, n'oubliez

pas que vous interagissez avec un potentiel futur collègue. Le candidat est lui aussi actif dans le processus et vous analyse également.

- Soyez vigilant(e) quant aux processus de discrimination. Nos stéréotypes (idées préconçues et généralisations de certaines caractéristiques liées aux groupes sociaux) sont à l'origine de préjugés relatifs à certains profils. Les lois anti-discrimination et les politiques de diversité permettent de canaliser ces comportements. À votre niveau, utilisez des techniques standardisées (comparant les candidats sur des critères de sélection identiques) pour offrir davantage d'objectivité ; concentrez-vous sur les compétences et évitez des critères tels que les limites d'âge dans vos offres d'emploi.

L'EFFET DE REBOND DU STÉRÉOTYPE

Paradoxalement, si vous tenez de chasser des pensées qui vous semblent inappropriées pendant l'entretien, il est fort probable qu'elles soient encore plus présentes. Les chercheurs investiguent les pistes de solutions pour remédier à ces effets secondaires du contrôle mental. En attendant, le fait de se mettre à la place de la personne visée par le stéréotype serait une meilleure approche que de tenter de ne pas penser à ses préjugés la concernant.

- Si vous disposez de peu de moyens pour recruter, misez sur un entretien structuré et préparé au préalable, centré sur l'analyse des connaissances du candidat, plutôt que de poser des questions spontanées et différentes induisant de la subjectivité et ne permettant pas de comparer les personnes sur des critères identiques. Ce type d'entretien est en effet peu coûteux, et différentes recherches indiquent que sa validité est relativement élevée. Ceci souligne à nouveau l'importance de la préparation et de la sélection des critères comparatifs des profils. Les centres d'évaluation sont plus rassurants, de par les méthodes croisées qu'ils utilisent, mais malheureusement très chers.
- N'oubliez pas de sonder les motivations du candidat. Une personne compétente qui n'est pas motivée ne sera pas performante. Ne vous contentez pas de demander au candidat s'il est motivé ; il est plus que probable que la réponse soit oui. Interrogez-la sur ses leviers de motivation. Est-ce l'image de votre entreprise

qui l'attire et l'envie d'y être associé(e) ? Est-ce le job qui présente un intérêt particulier ? La personne est-elle motivée par un projet de carrière et, si tel est le cas, pouvez-vous y répondre ? Quelles sont ses motivations personnelles (défi, stabilité, salaire, possibilités de formation, autonomie) ?

FAQ

LES MEILLEURS CANDIDATS SONT-ILS TOUJOURS À L'EXTÉRIEUR DE L'ENTREPRISE ?

Non. Avant d'investir dans un recrutement, prenez en considération les profils au sein de votre entreprise et les possibilités d'évolution de carrière que vous pouvez leur offrir. C'est un facteur de motivation important pour le personnel en place.

Une grille d'analyse de la rotation du personnel (*turnover* en anglais – flux des départs volontaires et involontaires de l'entreprise) vous permettra de situer les profils au sein de votre organisation. Ceci soulève la question de la « remplaçabilité » du personnel : l'employé qui s'en est allé était-il performant (productivité, capacité à travailler avec d'autres, potentialités d'avoir des responsabilités importantes, etc.) ? Sa performance est-elle facile à remplacer ? Existe-t-il des profils identiques qui pourraient le remplacer ?

La matrice performance/remplaçabilité développée par D.C. Martin et K.M. Bartol vous guidera dans cette réflexion.

Matrice performance/remplaçabilité

PERFOR-MANCE	REMPLAÇABILITÉ	
	Difficile	*Facile*
Élevée	**Groupe A :** performance élevée et difficile à remplacer > Les retenir et leur permettre de se développer.	**Groupe B :** aussi performants que les A mais relativement faciles à remplacer > Les retenir et leur permettre de se développer.
Moyenne	**Groupe C :** les plus fiables de l'organisation, suffisamment performants dans les domaines importants ou pour lesquels les habilités font défaut > Les retenir et renforcer leur performance.	**Groupe D :** les plus fiables mais leur départ impacte moins l'organisation > Les retenir ou les remplacer si l'entreprise peut financièrement se le permettre.

PERFOR-MANCE	REMPLAÇABILITÉ	
	Difficile	**Facile**
Basse	**Groupe E :** peu fiables, peu efficaces mais contribuent à l'organisation et sont difficiles à remplacer. Leur départ impacte la productivité et pourrait démoraliser le reste des travailleurs > Former des managers qui savent s'y prendre avec eux, donner du feedback, tenter d'augmenter leur performance. S'en séparer en dernier recours, si les efforts pour élever le niveau restent sans succès.	**Groupe F :** ne sont pas dans les normes et en dessous des performances attendues > Les encourager, tenter d'augmenter leur performance. S'en séparer rapidement si les efforts pour élever le niveau restent sans succès.

QUELLES SONT LES MÉTHODES DE SÉLECTION LES PLUS COURAMMENT UTILISÉES ?

Plusieurs techniques sont à votre disposition pour apprendre à mieux connaître les candidats :

- l'entretien non structuré, qui privilégie l'échange spontané avec la personne autour de son parcours professionnel et des atouts décrits dans son CV. Il laisse davantage la porte ouverte à la subjectivité ;
- l'entretien structuré, qui s'articule autour de critères de sélection orientant l'entretien. La grille d'évaluation des candidats se fait en référence à une description de fonction. La standardisation offerte par cette approche tend à augmenter l'objectivité ;
- la confrontation des candidats à des situations critiques, qui permet d'étudier la façon dont ils prennent leurs décisions. Cette approche prend en compte l'évaluation de critères de réussite prédéfinis ;
- les tests psychométriques, qui permettent d'évaluer l'intelligence des candidats, leurs compétences spécifiques (tests de mémoire,

de compétences verbales, de raisonnement perceptif, de logique matricielle, de vitesse, d'organisation perceptive, etc.) ou d'en apprendre d'avantage sur leur personnalité (MBTI, SOSIE, etc.) ;

- les *assesment center*, ou centres d'évaluation, qui permettent aux recruteurs d'observer les candidats dans des mises en situation professionnelles individuelles ou collectives (épreuve du bac à courrier, débats, négociations, jeux de rôles, résolutions de problématiques en équipe, etc.). Les situations et la combinaison des épreuves seront variables d'une entreprise à l'autre et nécessitent d'y consacrer une à deux journées ;
- les chasseurs de têtes ;
- les références professionnelles et recommandations.

QUELLES SONT LES MÉTHODES LES PLUS EFFICACES ?

Plusieurs études scientifiques ont démontré que les méthodes suivantes ont une validité prédictive (qualité de la prédiction de la performance) et une fidélité inter-évaluateurs (degré d'accord entre les évaluateurs, qui correspond à une certaine objectivité) très élevées :

- l'entretien structuré ;
- l'entretien situationnel ;
- les tests d'aptitude et d'intelligence ;
- les mises en situation ;
- les centres d'évaluation.

Si de nombreux candidats indiquent leurs références et ajoutent à leur dossier des lettres de recommandation, des études indiquent que cette méthode présente une fidélité inter-évaluateurs et une validité prédictive faible.

COMBIEN DE TEMPS DURE LE PROCESSUS DE RECRUTEMENT ?

Le temps d'un recrutement est très variable et dépend de nombreux facteurs. C'est en répondant aux questions qui suivent que vous serez en mesure de planifier votre processus de recrutement parmi les multiples activités que vous êtes amené(e) à gérer.

- Ce recrutement est-il urgent ?
- Ce recrutement est-il important ?

- La non-occupation de la fonction est-elle dommageable pour l'entreprise ? Si oui, à quel niveau ?
- Quelles sont les activités qui seront interrompues et quel sera l'effet sur la continuité des autres processus en jeu ?
- Quelle est la faisabilité de ce recrutement ? Disposons-nous des moyens (temps, personnel, outils, etc.) nécessaires à la réalisation de ce recrutement ?
- Les profils sont-ils faciles à trouver sur le marché de l'emploi, ou sont-ils plutôt rares ?

COMBIEN D'ÉTAPES FAUT-IL METTRE EN PLACE DANS LA SÉLECTION ?

Commencez par prendre en considération les critères incontournables à l'évaluation des profils des candidats. Inutile de prévoir des entretiens trop longs, le niveau d'attention et d'intérêt des participants risquerait de faiblir. Si votre liste de critères est longue, il est préférable d'envisager différentes étapes de sélection plutôt qu'un entretien interminable.

Plus vous croiserez les informations, plus votre niveau de certitude augmentera. Il faudra trouver le juste milieu entre la validité des méthodes à votre disposition et vos priorités (niveau d'urgence multiplié par le niveau d'importance du recrutement). Si vous ciblez bien les compétences et structurez vos questions, il vous sera possible de prendre de bonnes décisions.

QUI A SON MOT À DIRE DANS LE RECRUTEMENT ?

Si vous voulez augmenter vos chances de choisir le bon profil, il est important de vous entourer d'évaluateurs au profil pertinent. S'ils sont outillés pour objectiver leurs analyses, les représentants des ressources humaines ne sont pas les seuls bons évaluateurs. Si vous recrutez un profil technique ou spécifique, il est souvent intéressant d'inviter une personne du terrain à participer au processus de sélection. Elle sera davantage en mesure de vérifier les dires du candidat et la pertinence de ses réponses. Un contact avec le manager n'est pas inutile, compte tenu du fait que la relation de travail aura un impact non négligeable sur la qualité des performances à venir. Dans certaines entreprises, le candidat retenu est également mis en contact avec l'équipe avant la décision finale.

LES ÉMOTIONS ONT LEUR RÔLE À JOUER DANS LA PERFORMANCE DE L'ÉQUIPE !

Plusieurs chercheurs recommandent de mettre en place des formations relatives aux aspects émotionnels en jeu au sein des équipes de travail. Ils ont en effet constaté que les émotions positives augmentaient la performance de l'équipe alors que les conflits ont l'effet inverse. Outre les compétences, il est donc important de s'assurer de l'adéquation du fonctionnement personnel du candidat avec la culture de l'équipe et le type de management.

COMMENT ÉVITER LES « FAUX BONS CANDIDATS » ?

Votre meilleur guide sera votre grille de sélection, ciblée sur des critères objectifs. Une étude reprise dans l'ouvrage de Sonia Laberon *et alii* démontre que si les recruteurs sondent des compétences techniques variables, ils ont tendance à rechercher des caractéristiques de personnalité similaires : qualités relationnelles, dynamisme, écoute, initiative, rigueur, autonomie, disponibilité et organisation.

Bien que ces qualités soient séduisantes, demandez-vous si elles correspondent au profil de l'équipe et au contexte de travail. Rien ne sert de recruter un profil très autonome dans une fonction laissant peu de libertés dans la mise en œuvre ! Le fait que le candidat soit sympathique, souriant et partage certaines de vos passions ne signifie pas qu'il sera performant. Et ce n'est pas parce qu'une personne est introvertie et se montre timide à l'entretien qu'elle ne dévoilera pas de fabuleux talents professionnels. Préparez votre recrutement et équipez-vous de méthodes structurantes afin de vous préserver de votre subjectivité.

À VOUS DE JOUER !

RECRUTEMENT

ANALYSE
- Pourquoi ?
- Pour qui ?
- Dans quel but ?
- Avec quel impact ?

STRATÉGIE
- Description de fonction claire pour :
  - les commanditaires
  - les évaluateurs
  - les destinataires
- Critères de sélection au niveau de :
  - l'organisation
  - la fonction (compétences globales et spécifiques)
  - fonctionnement personnel
- Offre d'emploi - description de :
  - l'entreprise
  - job
  - contexte
  - contrat, salaire, avantages
- Canaux de diffusion :
  - en interne
  - Web gratuit via le secteur public
  - Web payant
  - salon de l'emploi
  - agence d'intérim
  - bureau de recrutement et de sélection
- Sélection :
  - chasseur de tête
  - réseaux sociaux
  - autres : ......

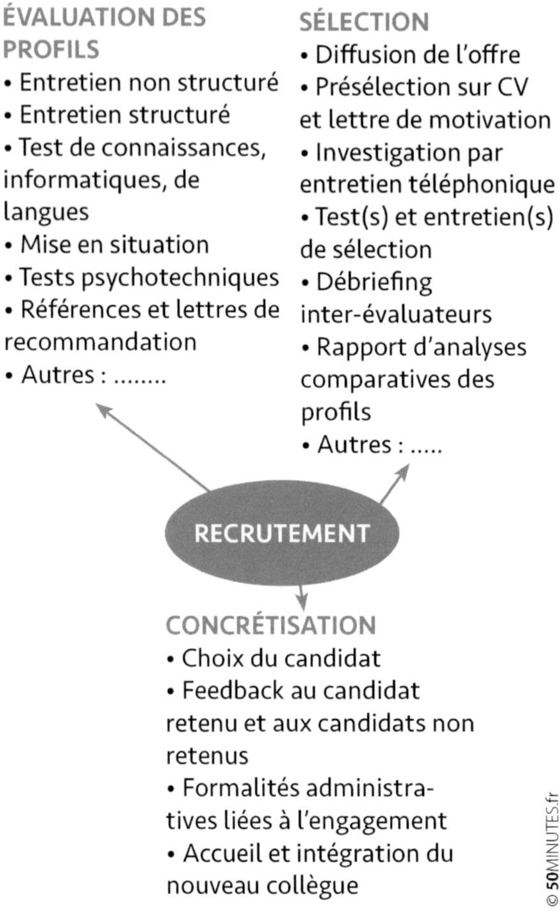

ÉVALUATION DES PROFILS

• Entretien non structuré
• Entretien structuré
• Test de connaissances, informatiques, de langues
• Mise en situation
• Tests psychotechniques
• Références et lettres de recommandation
• Autres : ....

SÉLECTION

• Diffusion de l'offre
• Présélection sur CV et lettre de motivation
• Investigation par entretien téléphonique
• Test(s) et entretien(s) de sélection
• Débriefing inter-évaluateurs
• Rapport d'analyses comparatives des profils
• Autres : .....

RECRUTEMENT

CONCRÉTISATION

• Choix du candidat
• Feedback au candidat retenu et aux candidats non retenus
• Formalités administratives liées à l'engagement
• Accueil et intégration du nouveau collègue

Votre avis nous intéresse !
Laissez un commentaire sur le site de votre
librairie en ligne et partagez vos coups de cœur sur
les réseaux sociaux !

POUR ALLER PLUS LOIN

SOURCES BIBLIOGRAPHIQUES

- AZZOPARDI (Gilles), *Réussir les nouveaux tests de QI*, France, Marabout, 2006.

- DUMONT (Muriel) et YZERBYT (Vincent), « Le contrôle mental des stéréotypes : enjeux et perspectives », in *L'année psychologique*, 2001, vol. 101, n° 4, p. 617-653.

- KREBS HIRSH (Sandra) et KUMMEROW (Jean M.), *Introduction aux types psychologiques dans les organisations*, Zellik, Alert Management Consultants, 1999.

- MARTIN (D.C.) et BARTOL (K.M.), « Managing Turnover Strategically », in *Personnel Administrator*, 1985, n° 30, p. 63-73.

- LABERON (Sonia) *et alii, Psychologie et recrutement. Modèles, pratiques et normativités*, Bruxelles, De Boeck, 2011.

- PICHAULT (François) et NIZET (Jean), *Les pratiques de gestion des ressources humaines*, Paris, Seuil, 2000.

- XIAO-YU LIU (Charline), HÄRTEL (E.J.) et JIAN-MIN SU (James), « The Workgroup Emotional Climate Scale: Theorical Development, Empirical Validation, and Relationship With Workgroup

Effectiveness », in *Group & Organizational Management*, 2014, Vol. 39 (6), p. 626-663.

- 74 -

SOURCES COMPLÉMENTAIRES

- www.selor.be
- www.fedweb.belgium.be
- www.acompetenceegale.com

ISBN ebook : 978-2-8062-6398-88
ISBN papier : 978-2-8062-6399-5
Dépôt légal : D/2015/12603/172
Photo de couverture : © baranq – fotolia.com

Conception numérique : Primento,
le partenaire numérique des éditeurs